Impressum
Verlag: BABADADA GmbH, Nedderfeld 112 , 22529 Hamburg
Geschäftsführer / Verlagsleitung: Harald Hof
Druck: Books on Demand GmbH, In de Tarpen 42, 22848 Norderstedt

Imprint
Publisher: BABADADA GmbH, Nedderfeld 112 , 22529 Hamburg, Germany
Managing Director / Publishing direction: Harald Hof
Print: Books on Demand GmbH, In de Tarpen 42, 22848 Norderstedt

dugsi

okul

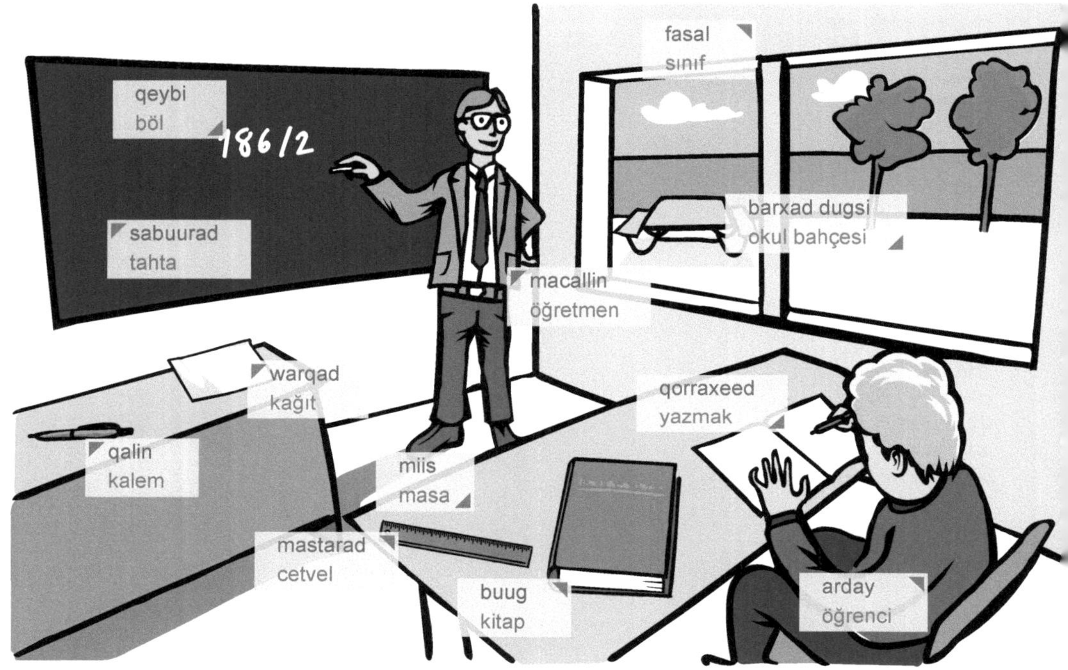

fasal
sınıf
qeybi
böl
186/2
sabuurad
tahta
barxad dugsi
okul bahçesi
macallin
öğretmen
warqad
kağıt
qorraxeed
yazmak
qalin
kalem
miis
masa
mastarad
cetvel
buug
kitap
arday
öğrenci

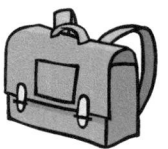

boorso
okul çantası

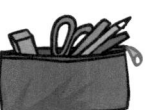

kiis qalin-qori
kalemlik

qalin-qori
kurşun kalem

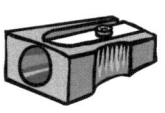

koobka qalin qor
kalem açacağı

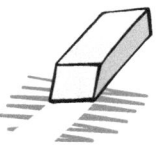

titirre
silgi

buugga sawirka
çizim defteri

sawirid
çizim

burushka midabaynta
resim fırçası

gasaca midabaynta
boya kutusu

maqasyo
makas

koollo
tutkal

buug qoraal
alıştırma kitabı

shaqo-guri
ödev

lambar
sayı

ku dar
ekle

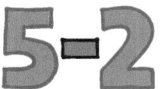

ka jar
çıkar

ku dhufo
çarp

xisaabi
hesapla

warqad
harf

alifbeeto
alfabe

erey
kelime

qoraal

metin

akhri

okumak

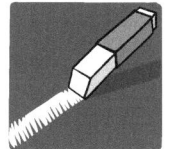

jeesto

tebeşir

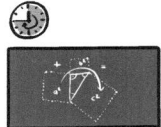

cahsar

ders

diiwaan

kayıt

imtixaan

sınav

shahaado

sertifika

direes dugsi

okul forması

waxbarasho

eğitim

diwaan mowduuceed

ansiklopedi

jaamacad

üniversite

mayskariskoob

mikroskop

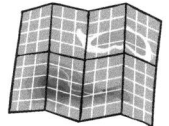

khariidad

harita

haan qashin-gur

kağıt çöp kutusu

safar
seyahat

hoteel
otel
Grand
hoteel jiif-cunto
pansiyon
ROOMS
xafiiska sarrifaka lacagaha
döviz bürosu
EXCHANGE
shandad-dhar
bavul
baabuur
otomobil

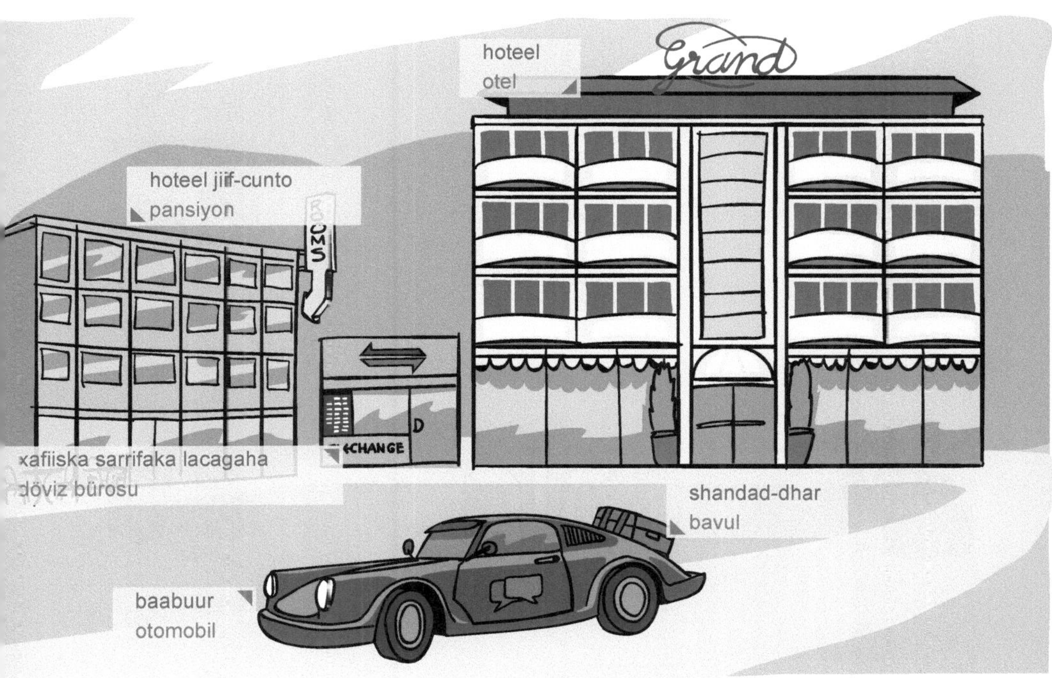

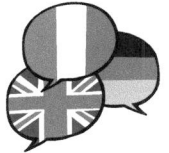

luuqad

dil

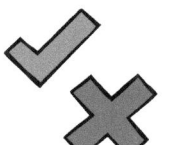

haa / maya

evet / hayır

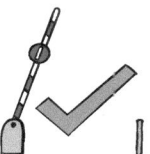

Hagaag

Tamam

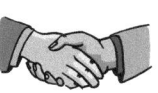

nabad miyaa

merhaba

turjumaan

çevirmen

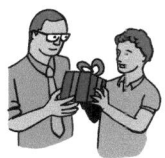

Waad mahadsan tahay

Teşekkür ederim

waa immisa…?

bu … ne kadar?

ma aanan fahamin

anlamadım

dhibaato

problem

galab wanaagsan!

İyi akşamlar!

subax wanaagsan!

Günaydın!

habeen wanaagsan!

İyi geceler!

nabad gelyo

güle güle

jiho

yön

alaabo

bagaj

boorso

çanta

boorso-dhabar

sırt çantası

marti

misafir

qol

oda

katiifad

uyku tulumu

teendho

çadır

6

xog dalxiis

turist danışma

xeebta

sahil

kaar amaan

kredi kartı

quraac

kahvaltı

qado

öğle yemeği

casho

akşam yemeği

rasiid

Bilet

wiish

asansör

tiimbare

pul

xuduud

sınır

qeybta-canshuur-bixinta

gümrük

safaarad

elçilik

dal ku gal

vize

baasaboor

pasaport

gaadiid
ulaşım

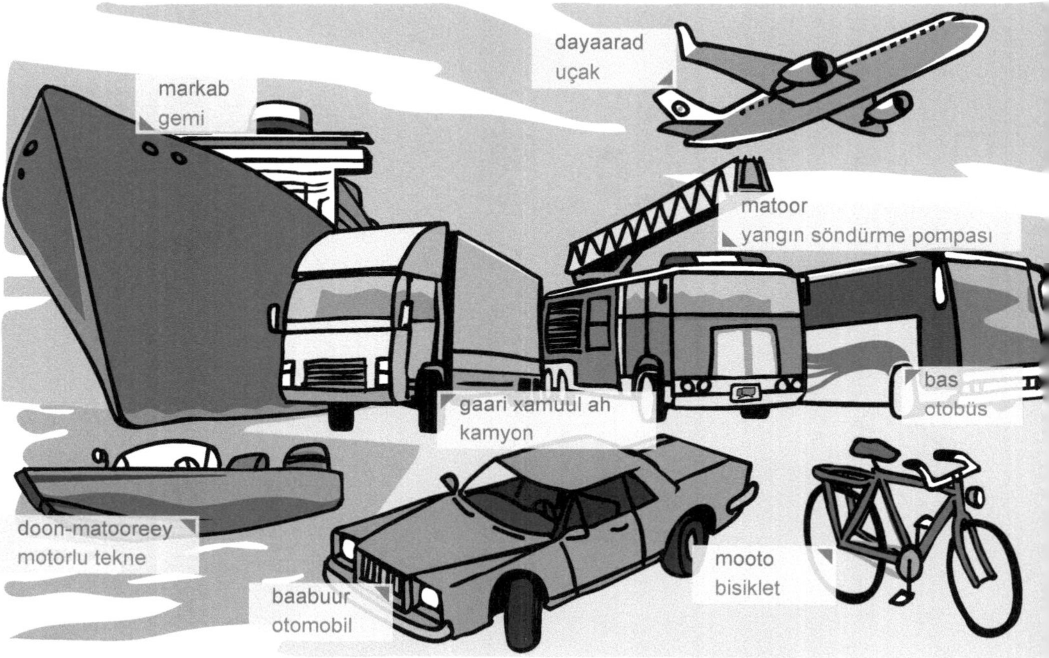
dayaarad
uçak
markab
gemi
matoor
yangın söndürme pompası
gaari xamuul ah
kamyon
bas
otobüs
doon-matooreey
motorlu tekne
mooto
bisiklet
baabuur
otomobil

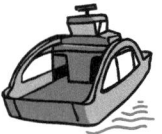

doon
feribot

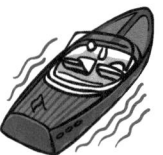

doonnida
bot

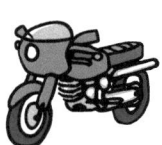

mooto
motosiklet

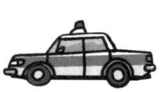

baabuur booliis
polis arabası

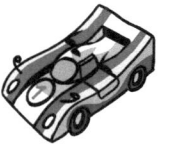

baabuur baratan
yarış arabası

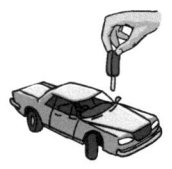

baabuur la-kiraysto
kiralık araba

gaadiid-wadaag

ortak araba

wiishle

çekici

gaari qashin-gure

çöp kamyonu

matoor

motor

shidaal

yakıt

ajib

benzinlik

calaamad taraafiko

trafik işareti

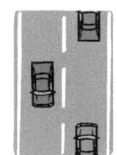

taraafiko

trafik

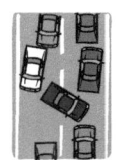

jaam baabuur

trafik sıkışıklığı

baarkin-baabuur

otopark

boosteejo tareen

tren istasyonu

waddo-tareen

ray

tareen

tren

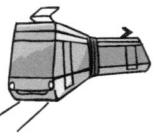

taraam

tramvay

gaari faras

vagon

helikobtar

helikopter

garoonka dayuuradaha

havaalanı

manaarad

kule

rakaab

yolcu

weel

konteyner

kartoon

koli

gaari faras

yük arabası

dambiil

sepet

kicid / degis

kalkış / iniş

magaalo
şehir

tuulo

köy

faras magaale

şehir merkezi

guri

ev

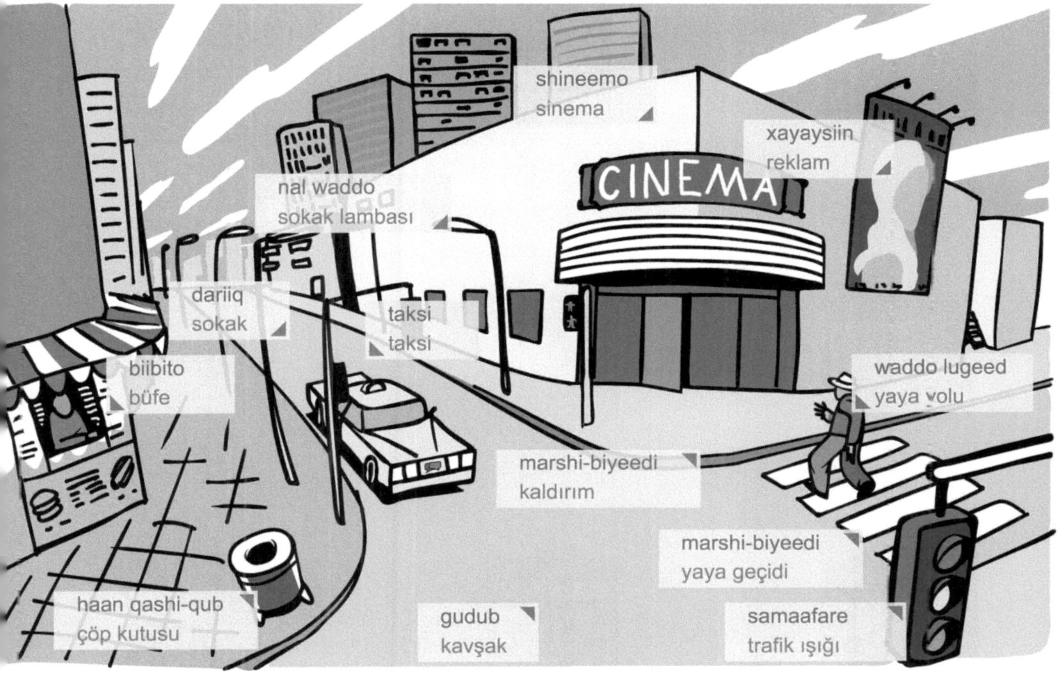

shineemo
sinema

xayaysiin
reklam

nal waddo
sokak lambası

dariiq
sokak

biibito
büfe

taksi
taksi

CINEMA

waddo lugeed
yaya volu

marshi-biyeedi
kaldırım

marshi-biyeedi
yaya geçidi

haan qashi-qub
çöp kutusu

gudub
kavşak

samaafare
trafik ışığı

mundul

kulübe

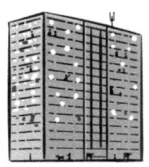

dabaq

apartman dairesi

boosteejo tareen

tren istasyonu

xarunta dowladda-hoose

belediye binası

matxaf

müze

dugsi

okul

jaamacad
üniversite

bangi
banka

isbitaal
hastane

hoteel
otel

farmasi
eczane

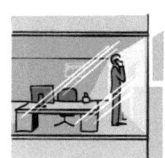

xafiis
ofis

buug shoob
kitapçı

dukaan
mağaza

dukaan ubax
çiçekçi

carwo
süpermarket

suuq
market

suuq weyne
büyük mağaza

kalluun-iibshe
balık satıcısı

suuq
alışveriş merkezi

furdo
liman

jardiino

park

kursi

bank

buundo

köprü

jaraanjaro

merdiven

waddo-tareen-hoosaad

metro

waddo-dhul hoose

tünel

boosteejo

otobüs durağı

baar

bar

makhaayad

restoran

sanduuq boosto

posta kutusu

calaamad waddo

sokak tabelası

joogid-cabbire

otopark sayacı

beer-xayawaan

hayvanat bahçesi

barkad dabbaalasho

yüzme havuzu

masaajid

cami

magaalo - şehir

beer

çiftlik

naqas

kirlilik

qabuuro

mezarlık

kaniisad

kilise

garoon

oyun alanı

macbad

tapınak

muqaal-dhireed

arazi

caleen
yaprak

calaamad-waddo
yön tabelası

waddo
yol

seere
çayır

dhagax
taş

geed
ağaç

buur korre
yürüyüşçü

webi
ırmak

caws
çimen

ubax
çiçek

dooxo

vadi

buur

tepe

laag

göl

kayn

orman

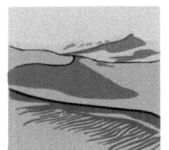

saxare

çöl

foolkaano

volkan

qasri

kale

qaanso-roobaad

gökkuşağı

barkin-waraabe

mantar

geed timireed

palmiye

kaneeco

sivrisinek

duqsi

sinek

qoraanjo

karınca

shinni

arı

caaro

örümcek

dameer-duudeey

böcek

rah

kurbağa

dabagaalle

sincap

kashiito

kirpi

dabagaalle

yabani tavşan

guumeys

baykuş

shimbir

kuş

boolo-boolo

kuğu

doofaar-jilibeey

yaban domuzu

deero

geyik

faras-duur

geyik

biyo-xireen

baraj

tamar-dhaliye

rüzgar türbini

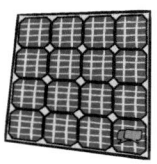

soollar

güneş paneli

cimilo

iklim

kabalyeeri
garson

warqad qiimo
menü

kursi
sandalye

maraq
çorba

biise
pizza

maro-miis
masa örtüsü

alaab
çatal - bıçak

af-billow

başlangıç

cunto bariimo

ana yemek

macmacaan

tatlı

cabitaan

içecekler

cunto

yemek

dhalo

şişe

cunto diyaarsan

fastfood

cunto-waddo

sokak yemeği

jalmad shaah

çaydanlık

weelka sonkorta

şekerlik

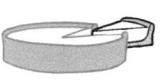

qayb

porsiyon

mashiinka isbareesada

espresso makinesi

kursi dheer

mama sandalyesi

biil

fatura

tereey

tepsi

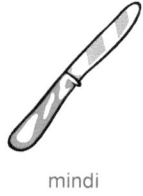

mindi

bıçak

fargeeto

çatal

qaaddo

kaşık

malqacad-shaah

çay kaşığı

shukumaan miis

servis peçetesi

galaas

bardak

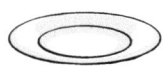

saxan

tabak

saxanka maraqa

çorba kasesi

saxan

fincan altlığı

suugo

sos

weelka cusbada

tuzluk

basbaas shiide

karabiber değirmeni

fixiye

sirke

saliid

yağ

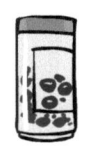

dhandhanaan

baharat

suugo

ketçap

mastaard

hardal

mayoonees

mayonez

carwo
süpermarket

qiima dhimis qaas ah
özel teklif
FOR
macmiil
müşteri
caano
süt ürünleri
miro
meyve
gaariga adeega
alışveriş arabası

BUTCHERS

kawaan

kasap

BAKERY

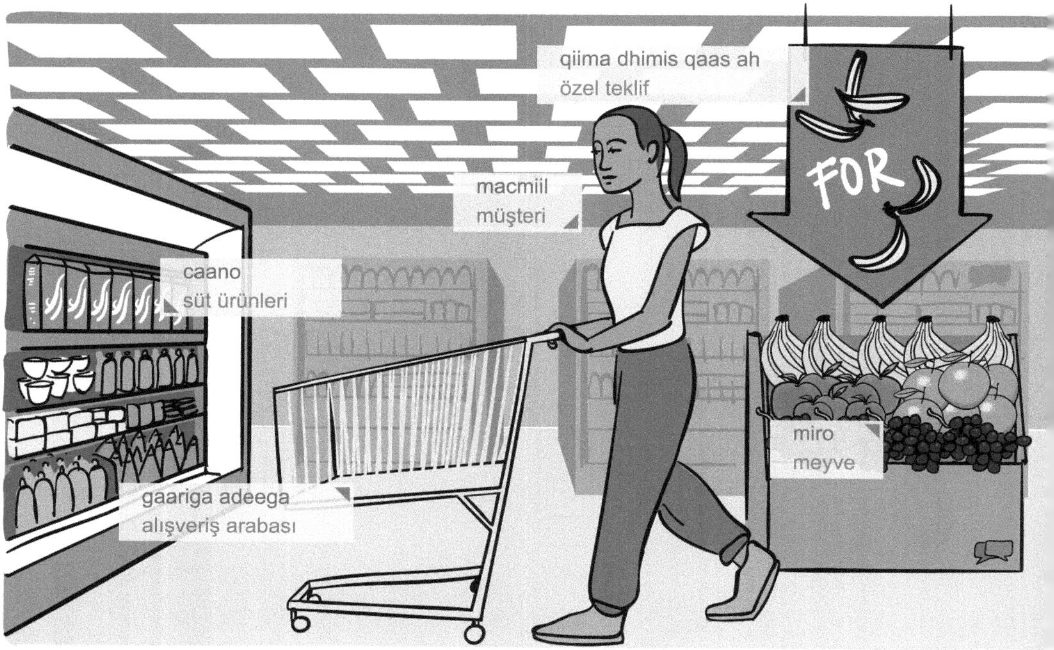

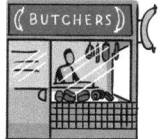

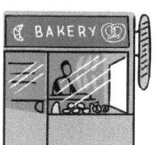

foorno

fırın

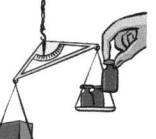

cabbir

tartmak

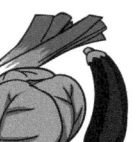

khudaar

sebze

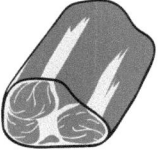

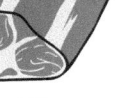

hilib

et

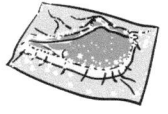

cunto la qaboojiyay

donmuş gıda

hilibka qadada

söğüş et

cunto gasacadeysan

konserve yiyecek

oomo

toz deterjan

macmacaan

şekerlemeler

alaabada guri

ev temizlik ürünleri

alaabo nadaafad

temizlik ürünleri

iibshe

satış görevlisi

diiwaan lacagta

yazar kasa

qasnaji

kasiyer

liis adeeg

alışveriş listesi

saacadaha shaqo

açılış saatleri

shandada jeebka

cüzdan

kaar amaah

kredi kartı

bac

çanta

bac

plastik pcşet

içecekler

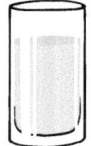

biyo

su

casiir

meyve suyu

caano

süt

kooka-kola

kola

khamri

şarap

biir

bira

khamri

alkol

kooke

kakao

shaah

çay

kafee

kahve

isberesso

espresso

koobishiin

kapuçino

muus

muz

tufaax

elma

liin-bambeelmo

portakal

qare

kavun

liin

limon

karooto

havuç

toon

sarımsak

baambuu

bambu

basal

soğan

barkin-waraabe

mantar

loos

çerez

baasto

makarna

baasto

spagetti

bariis

pirinç

salar

salata

jibsi

cips

baradho shiilan

patates kızartması

biise

pizza

haambeegar

hamburger

saanwij

sandviç

hilib-jiir

şinitzel

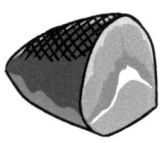

hilib-doofaar

pastırma

salami

salam

sooseej

sosis

hilib-digaag

tavuk

duban

rosto

kalluun

balık

sareenta mashaarida

yulaf ezmesi

quraac isku-dhafan

müsli

daango

mısır gevreği

bur

un

nooc rooti ah

kruvasan

rooti

küçük ekmek

rooti

ekmek

rooti-la-kulluleeyey

tost

buskud

bisküvi

subag

tereyağı

hanti

kaymak

doolsho

kek

ukun

yumurta

ukun shiilan

sahanda yumurta

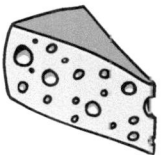

burcad

peynir

cunto - yemek

25

jalaato

dondurma

sonkor

şeker

malab

bal

malmalaado

reçel

labeen macmacaan

fındık ezmesi

suugo

köri

guri-beereed
çiftlik evi

caws jiilaal
sap toplama makinesi

xero-xoolaad
tahıl ambarı

beer
tarla

faras
at

gaari isjiid ah
römork

cagafcagaf
traktör

faras yarə
tay

dameer
eşek

idaha
koyun

neyl
kuzu

ri'
keçi

sac
inek

weyl
buzağı

doofaar
domuz

dhal doofaar
domuz yavrusu

dibi
boğa

bawaato lab

kaz

bawaato

ördek

jiijiile

civciv

digaag

tavuk

diiq

horoz

doolli

sıçan

bisad

kedi

jiir

fare

dibi

öküz

eey

köpek

hoyga eeyga

köpek kulübesi

tuubbo waraab

bahçe hortumu

sakeelka waraabinta

sulama kabı

gudin

tırpan

carro-roge

pulluk

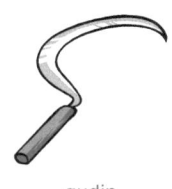

gudin
orak

yaambo
çapa

fargeeto caws-beereed
dirgen

faas
balta

gaari -gacan
el arabası

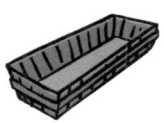

dar
yemlik

dhalada caanaha
süt kovası

jawaan
çuval

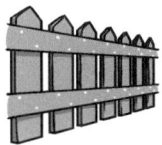

deer
çit

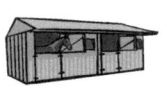

xero xooleed
ahır

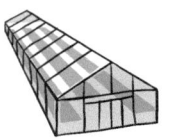

gur-biqlin-dhireed
sera

ciidda
toprak

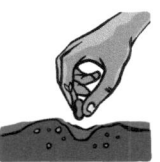

abuuka
tohum

bacrimiye
gübre

cagafta beer-goynta
biçerdöver

beer-goyn

hasat etmek

beer-gooyn

harman

moxog

tatlı patates

sarreen

buğday

soya

soya

baradho

patates

galley

mısır

geed-saliideed

kolza

geed mirood

meyve ağacı

moxog

manyok

firiley

hububat

qiiq saar
baca

saqaf
çatı

majaroor
yağmur oluğu

daaqad
pencere

garaash
garaj

gambaleel
kapı zili

irrid
kapı

haan qashin
çöp kutusu

sanduuq boosto
posta kutusu

beer
bahçe

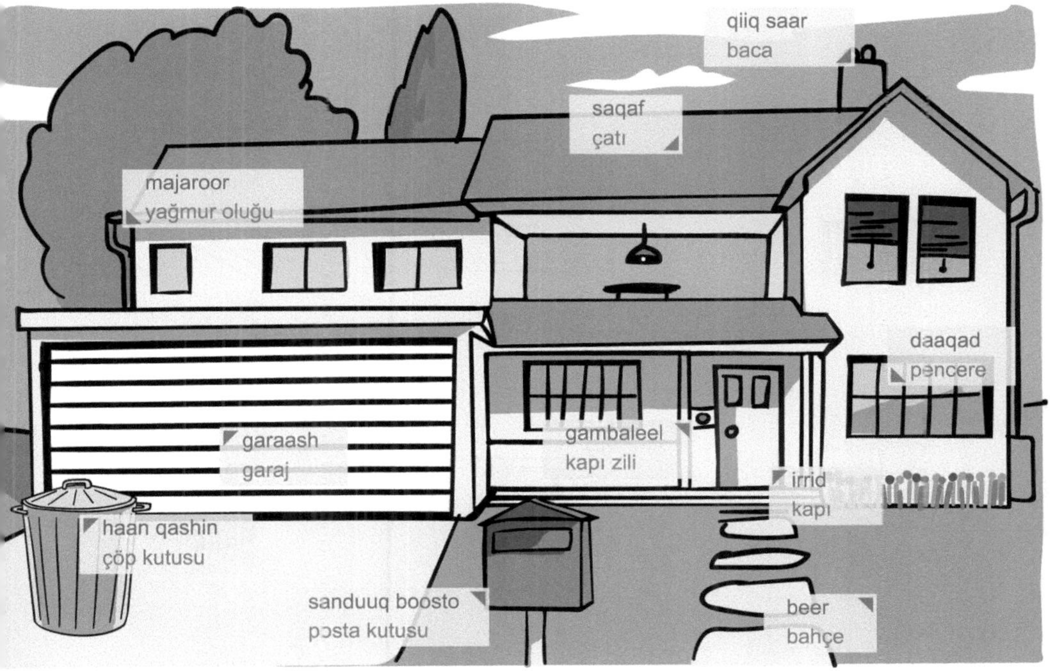

qol jiib

oturma odası

musqul-qubeys

banyo

jiko

mutfak

qolka jiifka

yatak odası

qolka ilmaha

çocuk odası

qolka cuntada

yemek odası

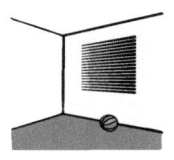

sagxad

zemin

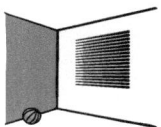

derbi

duvar

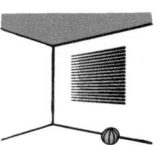

saqaf

tavan

makhaasiin

kiler

soona

sauna

balakoon

balkon

daarad

teras

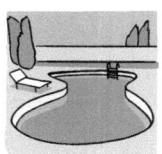

barkad

havuz

caws-jare

çim biçme makinesi

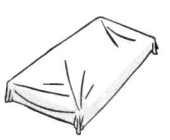

buste

çarşaf

go'

yatak örtüsü

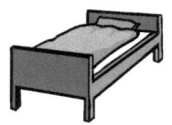

sariir

yatak

xaaqin

süpürge

baaldi

kova

daare-damiye

anahtar

qol jiib

oturma odası

sharaaxd-derbi
duvar kağıdı
sawir
resim
feynuus
lamba
qaanad
raf
armaajo
dolap
telefiishan
televizyon
dab-shid
şömine
ubax
çiçek
barkin
minder
fadhi-carbeed
kanepe
dheri-ubax
vazo
rimuud
uzaktan kumanda

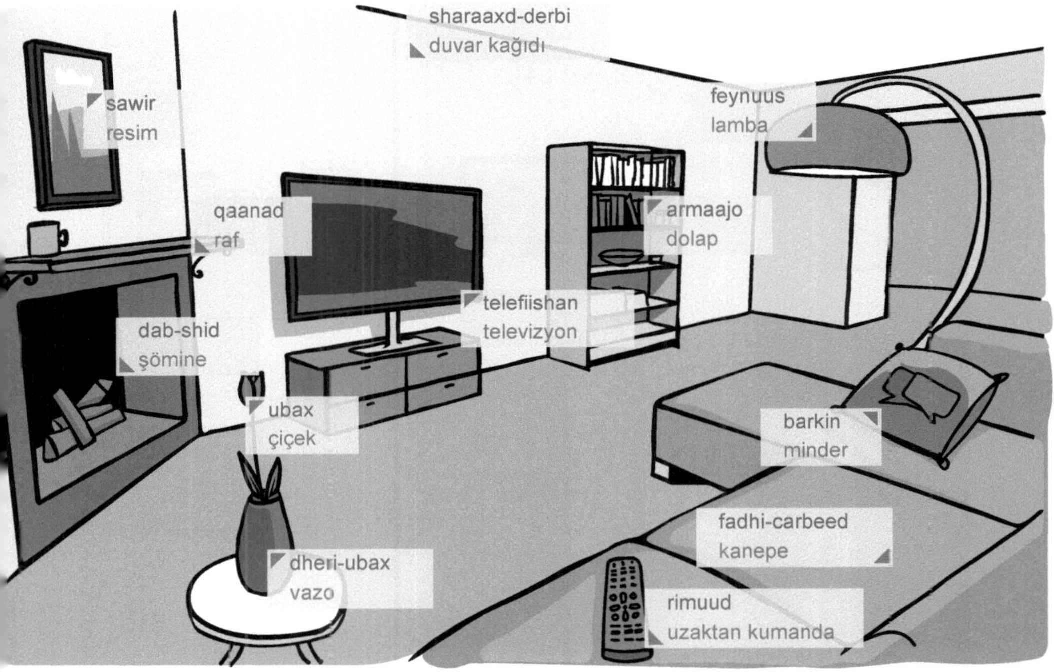

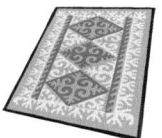

roog
halı

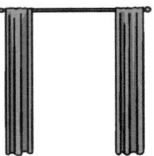

daah
perde

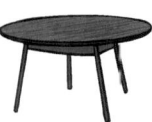

miis
masa

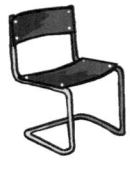

kursi
sandalye

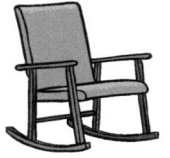

kursi wareega
salıncaklı koltuk

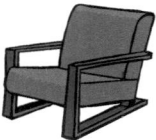

kursi fadhi
koltuk

buug

kitap

buste

battaniye

qurxin

dekor

xaabo

odun

filin

film

cod-baahiye

hi-fi

fure

anahtar

wargeys

gazete

rinjiyeyn

tablo

tabeelo

poster

raadiye

radyo

xusuus-qor

defter

huufar

elektrikli süpürge

tiitiin

kaktüs

shumac

mum

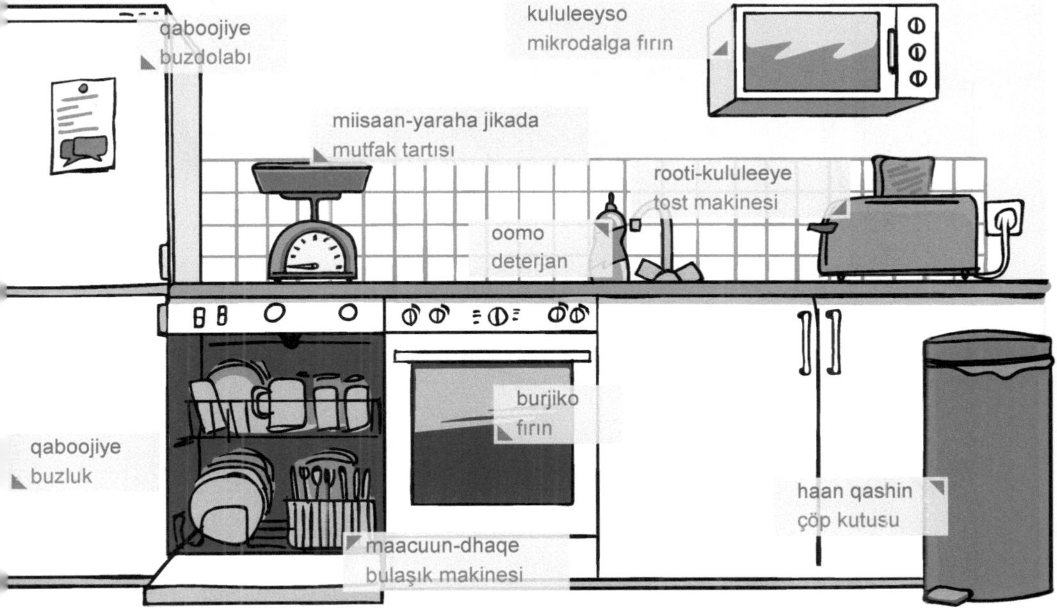

qaboojiye
buzdolabı

kululeeyso
mikrodalga fırın

miisaan-yaraha jikada
mutfak tartısı

rooti-kululeeye
tost makinesi

oomo
deterjan

burjiko
fırın

qaboojiye
buzluk

haan qashin
çöp kutusu

maacuun-dhaqe
bulaşık makinesi

kuuker

ocak

dheri

tencere

birtaawo

döküm tencere

birtaawo

wok

birtaawo

tava

kirli

su ısıtıcı

uumiye

buharlı pişirici

saxaarad dubista

pişirme tepsisi

maacuun

tabak takımı

bakeeri

kupa

baaquli

kase

qoryo wax lagu cuno

çubuk (çin yemeği)

malqacad

kepçe

qaado

spatula

folow

çırpma teli

miire

süzgeç

shashaq

elek

qudaar-jare

rende

mooye

havan

hilib-sol

barbekü

dab

açık ateş

alwaaxa wax-jar-jarka

kesme tahtası

ul jabaati

merdane

guf-saare

tirbüşon

gasac

konserve kutusu

gasac-fure

konserve açacağı

istaraasho-jiko

fırın eldiveni

saxanka-alaab-dhaqa

evye

caday

fırça

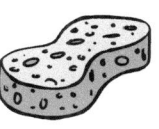

isbuunyo

sünger

shiide

blender

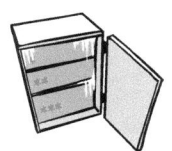

qaabojin qoto-dheer

derin dondurucu

masaasad

biberon

tuubbo

musluk

musqul-qubeys
banyo

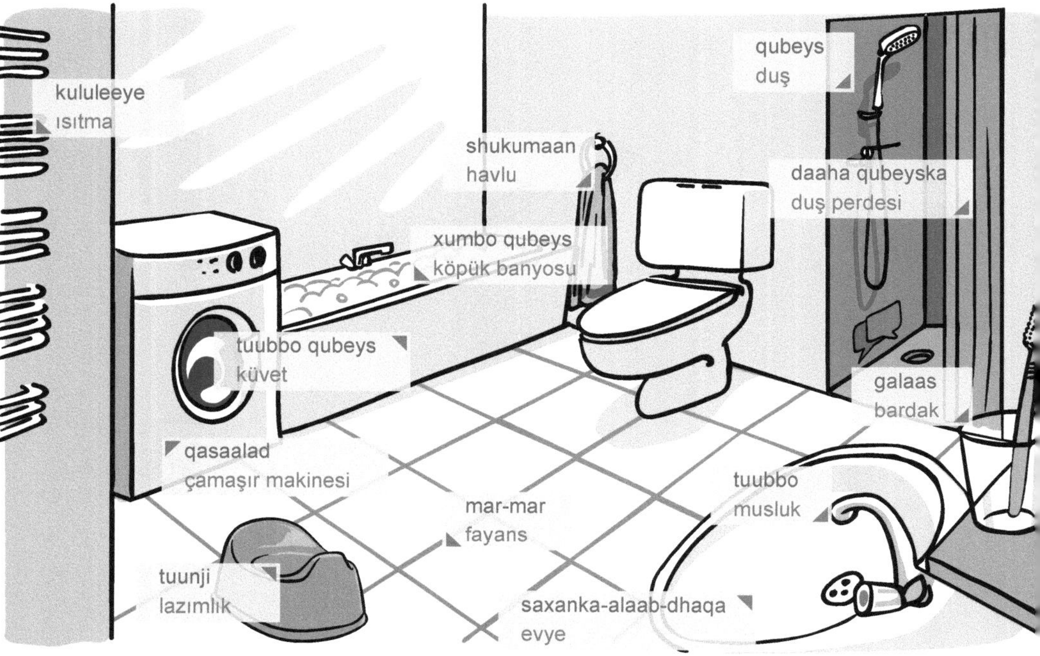
kululeeye
ısıtma
shukumaan
havlu
qubeys
duş
daaha qubeyska
duş perdesi
xumbo qubeys
köpük banyosu
tuubbo qubeys
küvet
galaas
bardak
qasaalad
çamaşır makinesi
tuubbo
musluk
mar-mar
fayans
tuunji
lazımlık
saxanka-alaab-dhaqa
evye

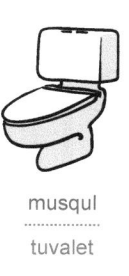

musqul
tuvalet

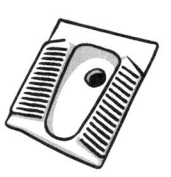

musqusha fadhiga
alaturka tuvalet

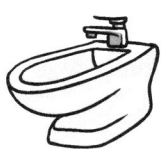

siin
bide

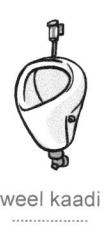

weel kaadi
pisuvar

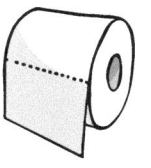

tiish musqul
tuvalet kağıdı

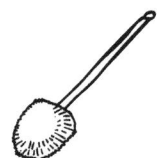

burushka musqusha
tuvalet fırçası

caday

diş fırçası

daawo caday

diş macunu

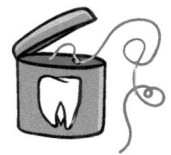

dunta ilka farashada

diş ipi

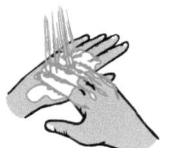

dhaq

yıkamak

gacan qubeys

duş başlığı

tuubo-musqul

duş başlığı şeklinde taharet musluğu

beeshin

küvet

burush-qubeys

banyo fırçası

saabuun

sabun

shaambo

duş jeli

shaambo

şampuan

cago-saar

banyo lifi

biyo-saare

gider

kareem

krem

carfiso

deodorant

muraayad

ayna

muraayad gacmeed

el aynası

sakiin

jilet

xumbada xiirashada

tıraş köpüğü

daawo gar-xiir

tıraş losyonu

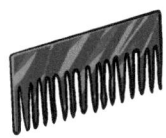

shanlo

tarak

burush

fırça

fooneeye

saç kurutma makinesi

timo-buufis

saç spreyi

waji-qurxiye

makyaj

rooseeto

ruj

cidiyo-nadiifiye

tırnak cilası

dun

pamuk

cidiyo-jar

tırnak makası

baarafuun

parfüm

boorso-wajidhaq
....
makyaj çantası

saxaro
....
tabure

miisaan culɐys
....
tartı

dhar-qubeys
....
bornoz

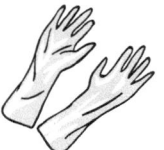

gacma gashi cinjir
....
lastik eldiven

tambooni
....
tampon

tiimshe
....
kadın pedi

musqul kiimiko
....
kimyevi tuvalet

qolka ilmaha
çocuk odası

saacadda dhawaaqda
çalar saat
boombale caruur
peluş oyuncak
baabuur caruureed
oyuncak araba
sanqadh
çıngırak
guriga caruusada
bebek evi
hadiyad
hediye

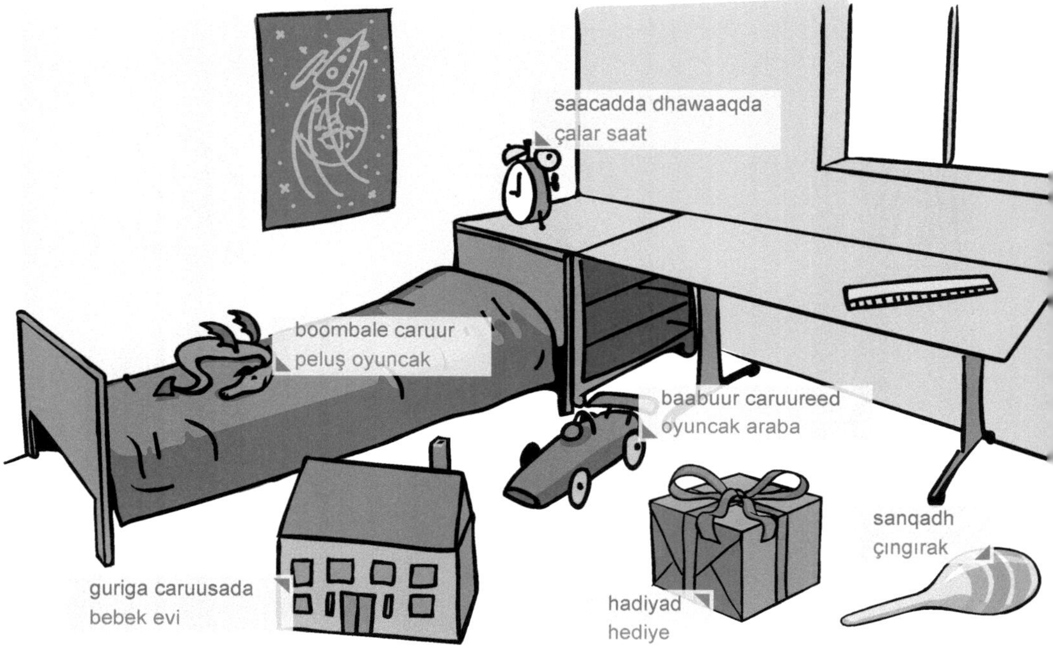

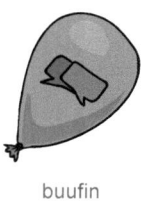

buufin

balon

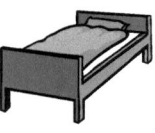

sariir

yatak

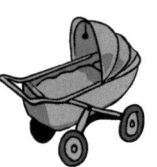

gaariga caruurta

bebek arabası

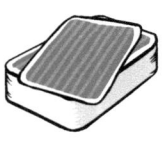

turub

kart destesi

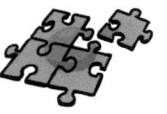

miinshaar

yapboz

maad

çizgi roman

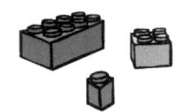

bulkeeti boombale ah

lego tuğlaları

tooy

lego blokları

sanam

aksiyon figüü

isku-jooga dhallaanka

zıbın

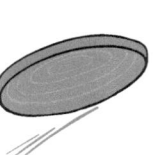

aalad cayaar

frizbi

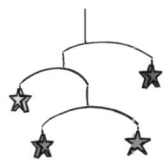

moobaayl

dönence

khamaar

masa oyunu

laadhuu

zar

moodo tareən

model tren seti

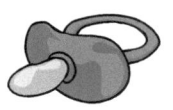

boombale

emzik

xaflad

parti

buug sawirro

resimli kitap

kubbad

top

boombale

oyuncak bebek

cayaar

oynamak

dhoobo-dhoobeey

kum havuzu

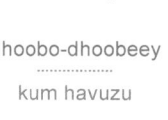

wiifoow

salıncak

alaab-alaabeey

oyuncaklar

geemka gacanta laga hago

video oyun konsolu

baaskiil

üç tekerlekli bisiklet

boombale

oyuncak ayı

armaajo dhar

gardırop

dhar

kıyafet

sigisaan

çorap

sigsaan haween

külotlu çorap

surwaal-dhuuqsan

tayt

masar
eşarp

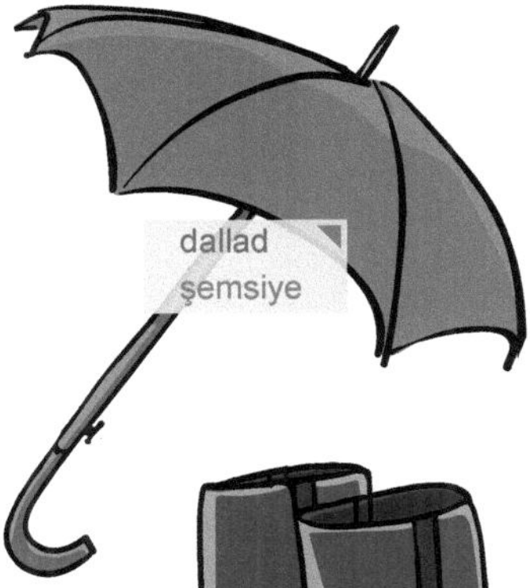

dallad
şemsiye

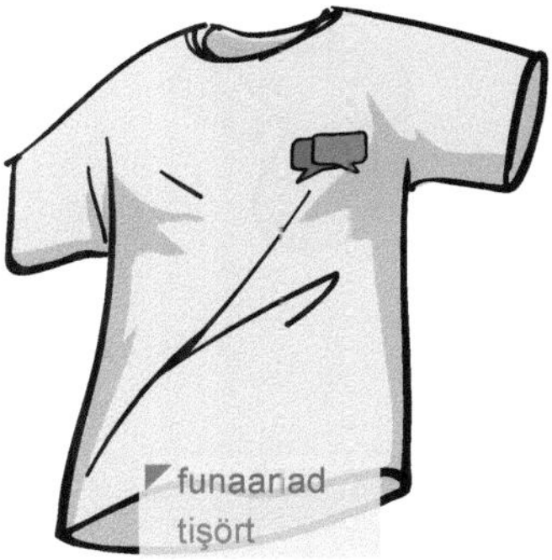

funaanad
tişört

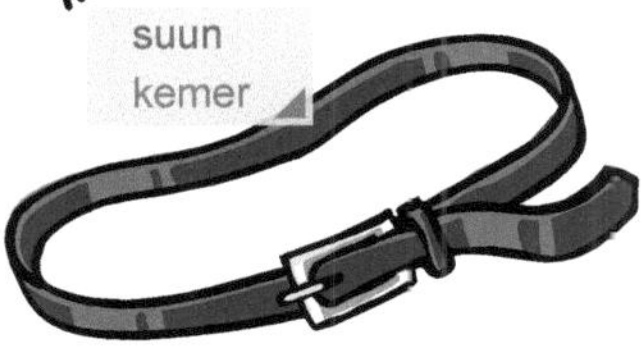

suun
kemer

kabo buud
bot

dacas
terlik

kabo tababar
spor ayakkabı

saandalo
sandalet

kabo
ayakkabı

kabo roob
lastik çizme

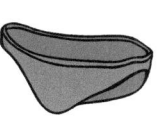
hoos-gashi
külot

rajabeeto
sütyen

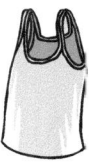
garan
yelek

jir
dar bluz

surwaal
pantolon

surwaal jeenis
kot pantolon

goono
etek

canbuur
bluz

shaati
gömlek

funaanad-dhaxameed
kazak

garan dhaxameed
süveter

jaakad fudud
blazer

jaakad
ceket

koodh
mont

koodhka roobka
yağmurluk

dhar-munaasabadeed
kostüm

labbis
elbise

lebbis aroos
gelinlik

suut

takım elbise

dhar-hurdo

gecelik

bajaamo

pijama

saari

sari

masar

baş örtüsü

cimaamad

türban

cabaayad

burka

saako

kaftan

cabaayad

çarşaf

dharka-dabaasha

mayo

dabo-gaabyo

erkek mayosu

surwaal-dabɛgaaɔ

şort

taraak-suut

eşofman

dufan-dhowr

önlük

gacmo gashi

eldiven

galluus

düğme

ookiyaale

gözlük

jijin

bilezik

silis

kolye

faraati

yüzük

dhego dhego

küpe

koofiyo

kep

katabaan

portmanto

koofiyad

şapka

garabaati

kravat

jiinyeer

fermuar

helmed

kask

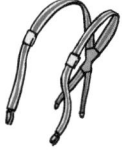

ilko-reeb

pantolon askısı

direes dugsi

okul forması

direes

üniforma

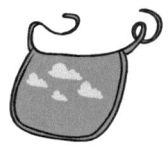

cayo-dhowr

mama önlüğü

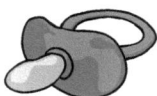

boombale

emzik

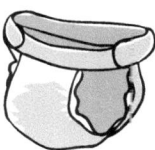

maro-dufeed

bebek bez

xafiis

ofis

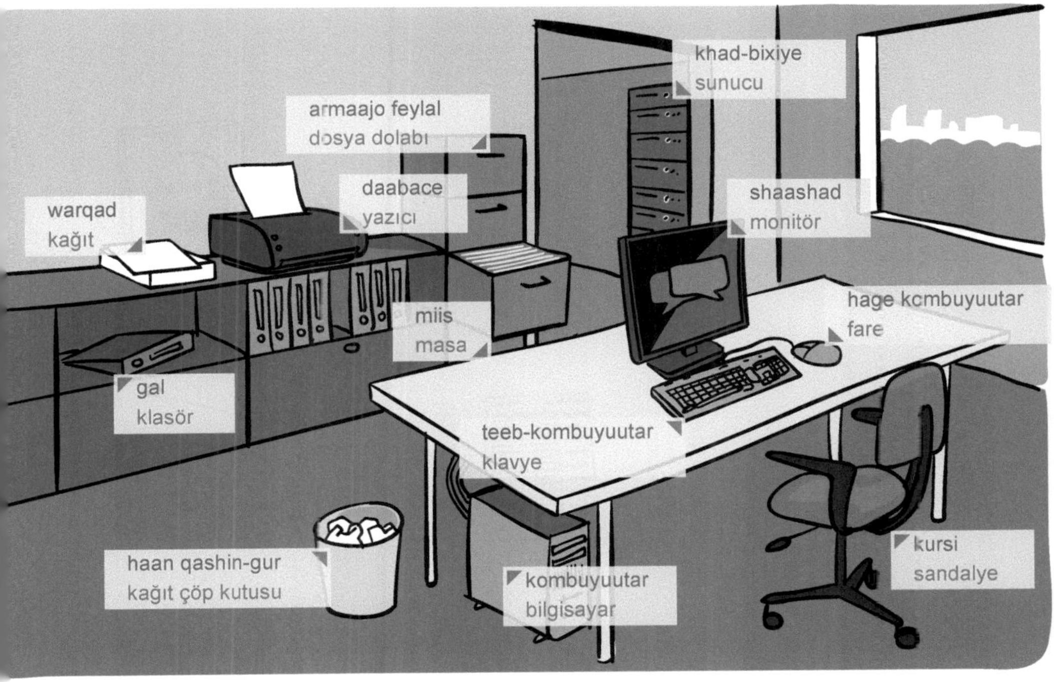
khad-bixiye
sunucu
armaajo feylal
dosya dolabı
daabace
yazıcı
warqad
kağıt
shaashad
monitör
hage kombuyuutar
fare
miis
masa
gal
klasör
teeb-kombuyuutar
klavye
kursi
sandalye
haan qashin-gur
kağıt çöp kutusu
kombuyuutar
bilgisayar

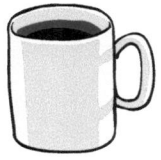

koob kafee

kahve fincanı

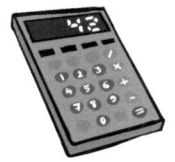

kalkuleytar/xisaabiye

hesap makinesi

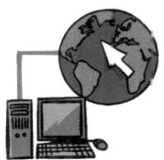

internet

internet

laabtoob

dizüstü

bakhshad

mektup

fariin

mesaj

moobaayl

cep telefonu

shabakad-kombuyuutar

ağ

footokoobi

fotokopi makinesi

barnaamij-kombuyuutar

yazılım

telefoon

telefon

god koronto

priz

mishiinkan fax-ka

faks makinesi

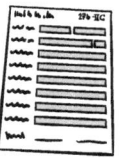

foomka

form

dokumenti

belge

iibso
....
satın almak

bixi
....
ödemek

ganacso
....
ticaret yapmak

lacag
....
para

doollar
....
dolar

yuuro
....
avro

yenka jabbaan
....
yen

robolka ruushka
....
ruble

Franka iswiiska
....
İsviçre frangı

lacagta shiinaha
....
Çin yuanı

rubiyada hindiga
....
rupi

maqal
....
kasa

xafiiska sarrifaka lacagaha

döviz bürosu

dahab

altın

qalin

gümüş

shidaal

petrol

tamar

enerji

qiime

fiyat

qandaraas

kontrat

canshuur

vergi

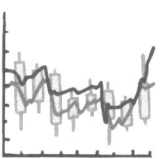

raasumaal

menkul değer

shaqee

çalışmak

shaqaale

işveren

shaqaaleysiiye

işçi

warshad

fabrika

dukaan

mağaza

dhaqaalaha - ekonomi

shaqooyin
meslekler

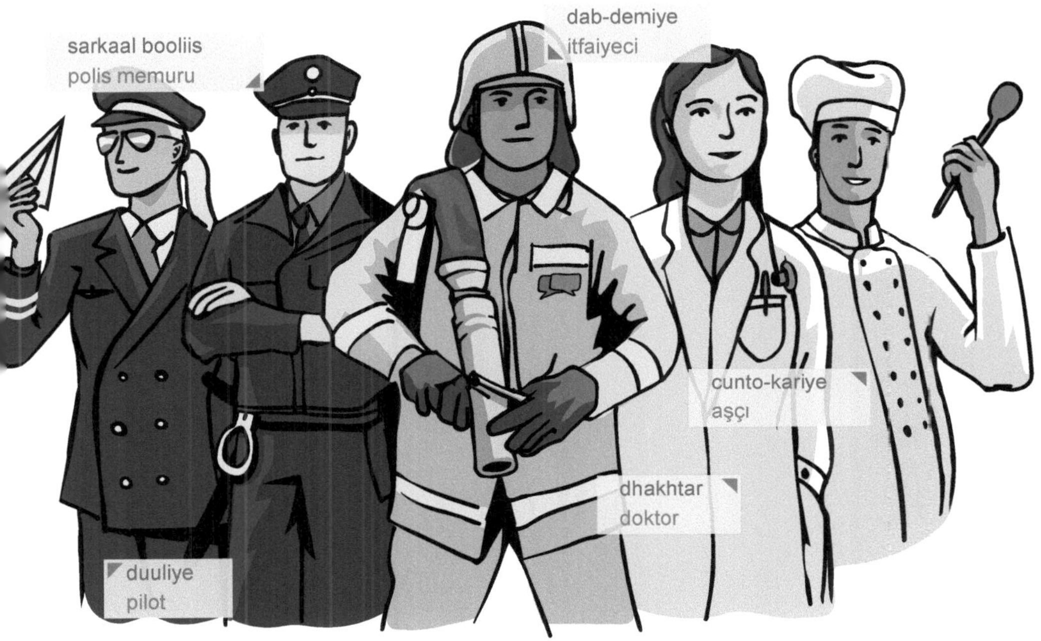
sarkaal booliis
polis memuru
dab-demiye
itfaiyeci
cunto-kariye
aşçı
dhakhtar
doktor
duuliye
pilot

beeralley

bahçıvan

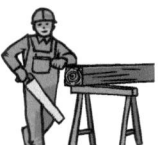

nijaar

marangoz

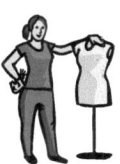

timo-qurxiso

terzi

qaaddi

hakim

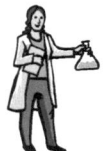

farmashiiste

kimyager

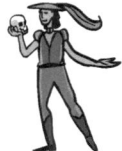

jile

aktör

darawal bas

otobüs şoförü

taksiile

taksi şoförü

kalluumeyste

balıkçı

nadiifiso

temizlikçi

saqaf-dhise

çatı ustası

kabalyeeri

garson

ugaarsade

avcı

rinjiile

boyacı

rooti-dube

fırıncı

koronto-yaqaan

elektrikçi

dhise

inşaatçı

injineer

mühendis

kawaanle

kasap

tuubbiiste

muslukçu

boostaale

postacı

shaqooyin - meslekler

askari

asker

injineer-dhismo

mimar

qasnaji

kasiyer

ubax-yaqaan

çiçekçi

timo-jare

kuaför

kiro-uruuriye

kondüktör

makaanik

tamirci

kabtan

kaptan

dhakhtar-ilko

dişçi

saaynisyahan

bilim insanı

wadaad yahuud

haham

imaam

imam

xerow

keşiş

wadaad

rahip

qalab
aletler

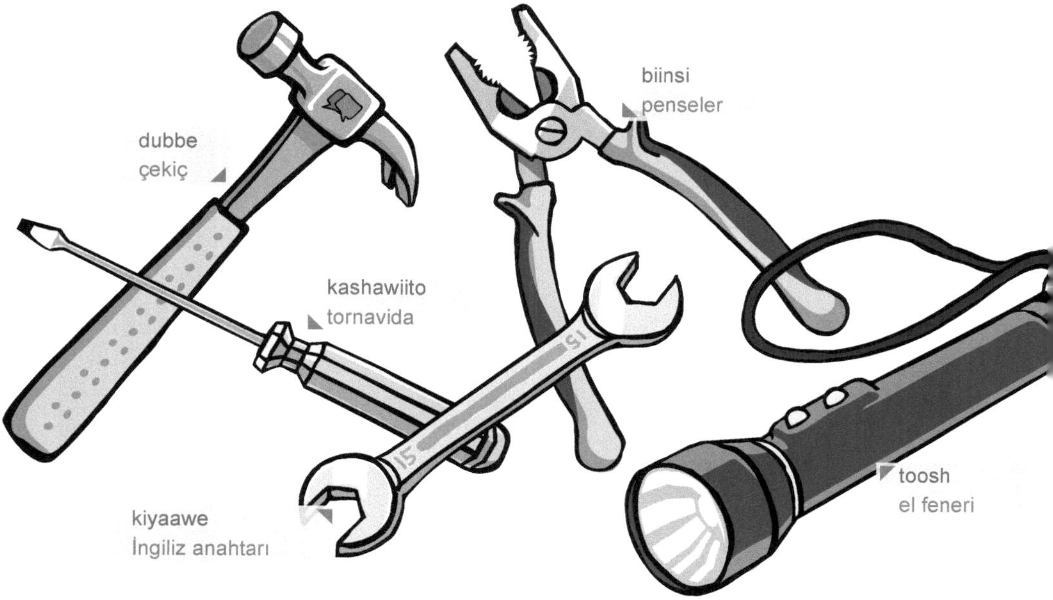
dubbe
çekiç
biinsi
penseler
kashawiito
tornavida
kiyaawe
İngiliz anahtarı
toosh
el feneri

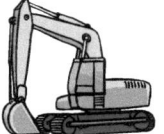

dhul-qoddo
kazı makinesi

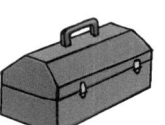

qalab-xajiye
alet çantası

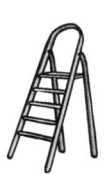

jaraanjaro
merdiven

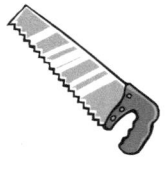

miinshaar
testere

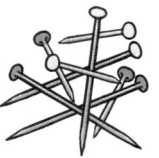

musbaarro
çiviler

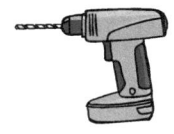

dalooliye
matkap

dayactir

tamir etmek

badiil

kürek

inkaar kugu dhacday!

Kahretsin!

bus-xaabiye

faraş

gasacad rinji

boya tenekesi

boolal

vidalar

qalab muusiko
müzik enstrümanı

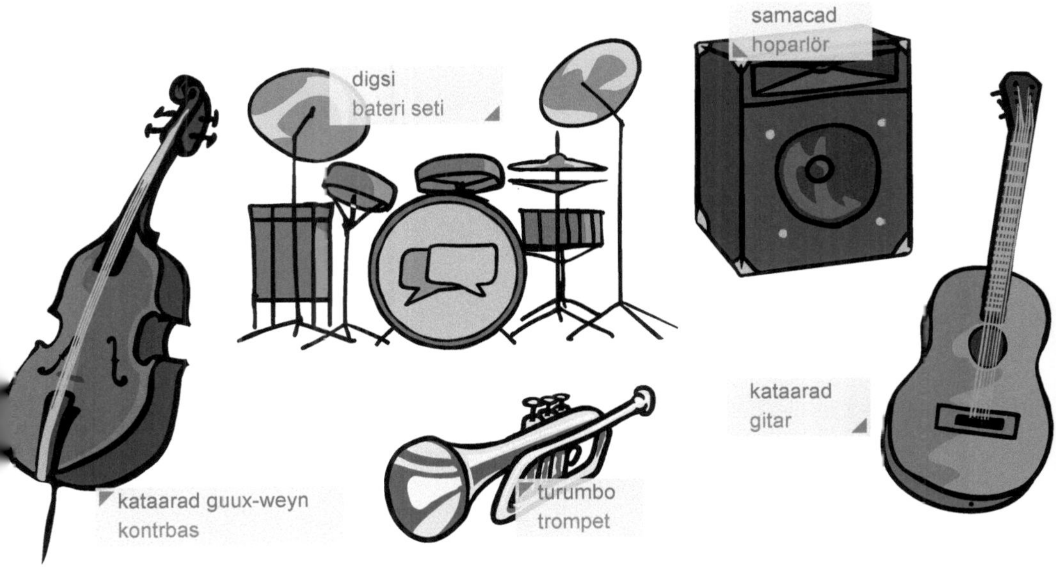

samacad
hoparlör

digsi
bateri seti

kataarad
gitar

kataarad guux-weyn
kontrbas

turumbo
trompet

biyaano
piyano

fiyooliin
keman

karaarad guux-dheer
basgitar

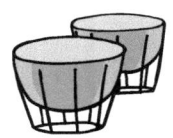

durbaan-sheegagle
timpani

durbaan
bateri

loox-xarfeed-biyaano
klavye

turumbo
saksafon

siin-baar
flüt

makarafoon
mikrofon

qalab muusiko - müzik enstrümanı

beer-xayawaan
hayvanat bahçesi

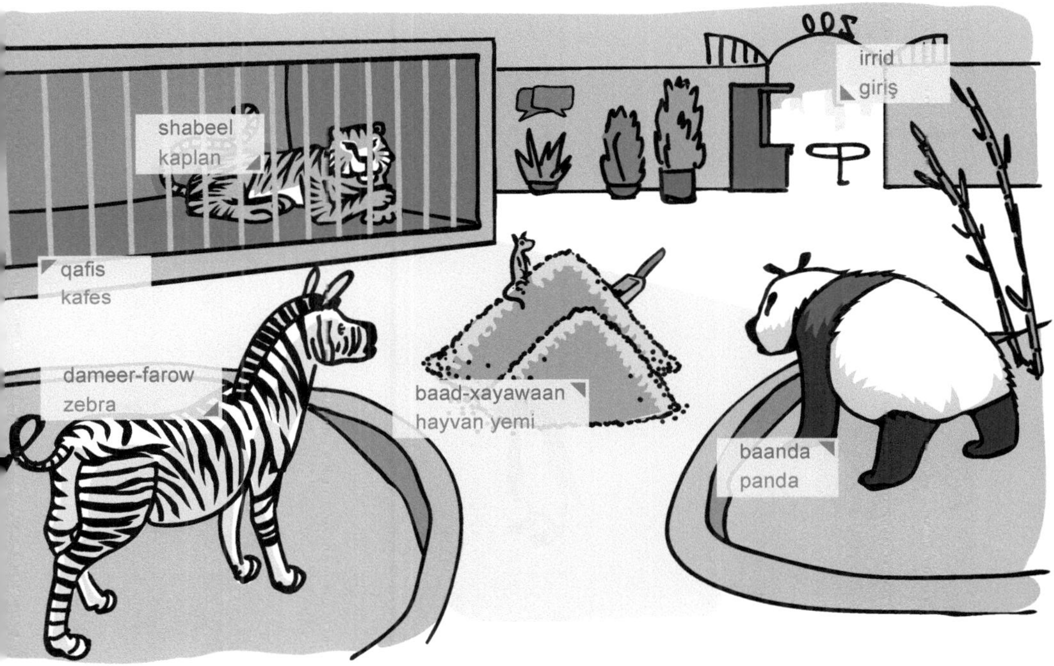
irrid
giriş
shabeel
kaplan
qafis
kafes
dameer-farow
zebra
baad-xayawaan
hayvan yemi
baanda
panda

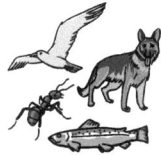

xayawaan

hayvanlar

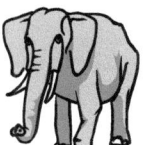

maroodi

fil

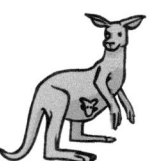

kaangaruu

kanguru

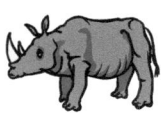

wiyil

gergedan

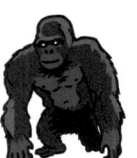

goriille

goril

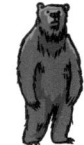

oorso

ayı

geel

deve

gorayo

deve kuşu

libaax

aslan

daanyeer

maymun

xiita-luga-dheer

flamingo

baqbaqaa

papağan

oorso baraf-ku-nool

kutup ayısı

shimbir baraf

penguen

libaax-badeed

köpek balığı

daa'uus

tavus kuşu

mas

yılan

yaxaas

timsah

beer-xayawaan ilaaliye

hayvanat bahçesi görevlisi

bahal kalluun-cun

fok

shabeel-u-eke

jaguar

dhal faras

midilli atı

harmacad

leopar

jeer

su aygırı

geri

zürafa

gorgor

kartal

doofaar-jilibeey

yaban domuzu

kalluun

balık

qubo

kaplumbağa

maroodi-badǝed

mors

dawaco

tilki

deero

ceylan

kubadda-cagta maraykanka
amerikan futbolu

tartanka bashkuleetiga
bisiklete binme

kubbadda miiska
tenis

kubbadda koleyga
basketbol

dabaal
yüzme

hookiga barafka lagu dh
buz hokeyi

cayaarta feerka
boks

kubadda cagta
futbol

baadminton
badminton

ciyaaraha fudud
atletizm

kubadda gacanta
hentbol

iskii/ciyaarta barafka
kayak

cayaar-faras
polo

boodid
atlamak

qosol
gülmek

nab-siin
sarılmak

hees
söylemek

soco
yürümek

riyo
hayal etmek

duceyso
dua etmek

dhunkasho
öpmek

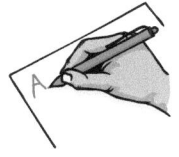

qorraxeed

yazmak

masawirid

çizmek

muuji

göstermek

riix

itmek

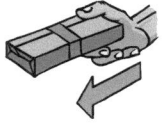

sii

vermek

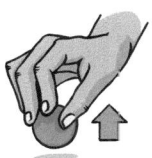

qaado

almak

haysasho

sahip olmak

samee

yapmak

ahaansho

olmak

istaag

ayakta durmak

orod

koşmak

jiid

çekmek

tuur

atmak

dhicid

düşmek

been-sheegid

yalan söylemek

sug

beklemek

qaad

taşımak

fariiso

oturmak

labiso

giyinmek

seexo

uyumak

toos

uyanmak

fiiri

bakmak

ooy

ağlamak

dhuftay

vurmak

shanleyso

taramak

hadal

konuşmak

faham

anlamak

weydii

sormak

dhageysasho

dinlemek

cab

içmek

cun

yemek

habee

düzenlemek

jacayl

sevmek

kari

pişirmek

kaxee

sürmek

duulid

uçmak

shiraaco

denize açılmak

xisaabi

hesapla

akhri

okumak

barasho

öğrenmek

shaqee

çalışmak

guurso

evlenmek

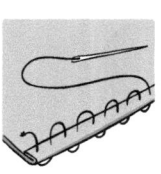

tol

dikmek

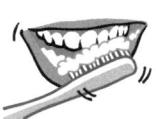

cadayso

diş fırçalamak

dilid

öldürmek

sigaar cab

sigara içmek

dir

yollamak

ayeeyo
büyükanne

awoowe
büyükbaba

aabbe
baba

hooyo
anne

ilmo
bebek

gabar
kız

wiil
oğul

marti

misafir

eeddo

teyze

adeer

amca

walaal rag

erkek kardeş

walaal dumar

kız kardeş

jir
vücut

fool
alın
il
göz
garab
omuz
far
parmak
weji
yüz
gar
çene
gacan
el
lug
bacak
naas
göğüs
cudud
kol

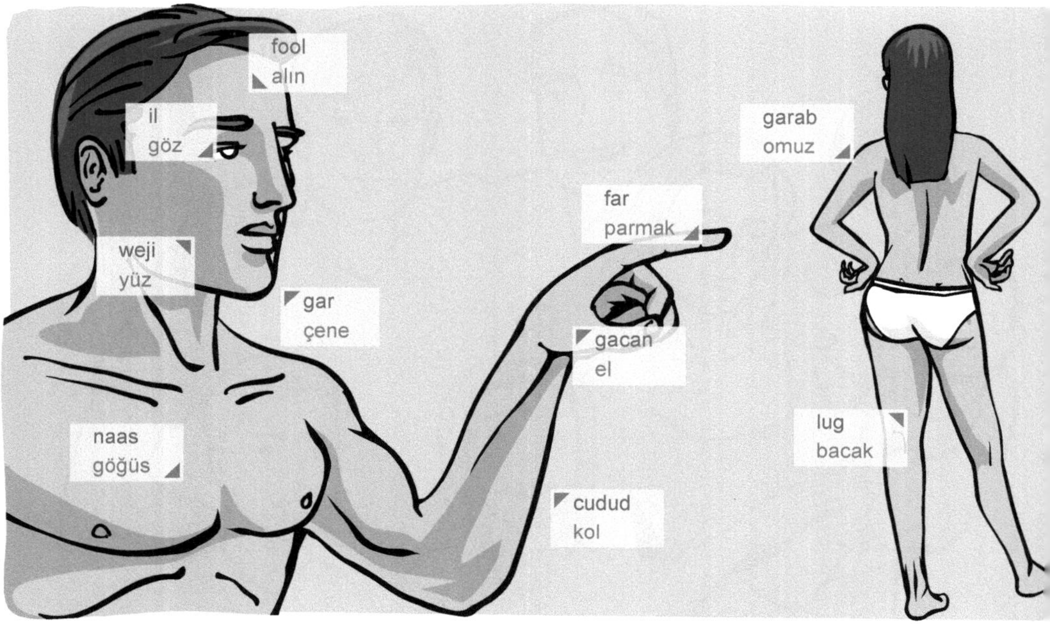

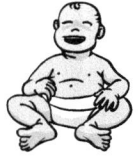

ilmo

bebek

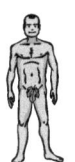

nin

adam

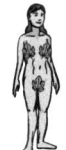

naag

kadın

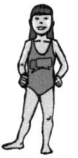

gabar

kız

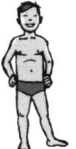

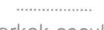

wiil

erkek çocuk

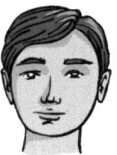

madax

baş

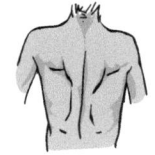

dhabar

sırt

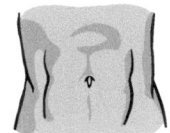

calool

karın

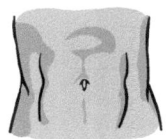

xuddun

göbek

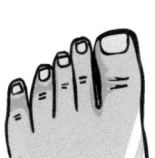

suul

ayak parmağı

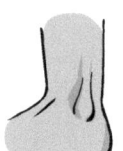

cirib

topuk

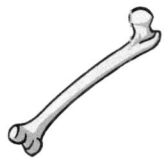

laf

kemik

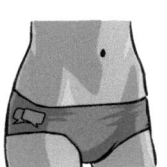

sin

kalça

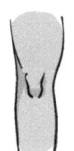

jilib

diz

xusul

dirsek

san

burun

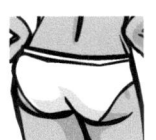

bari

kalça

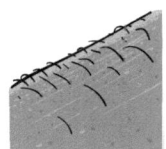

maqaar

deri

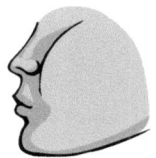

dhafoor

yanak

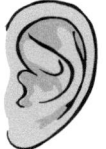

dheg

kulak

bishin

dudak

jir - vücut

af

ağız

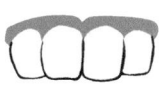

ilig

diş

carrab

dil

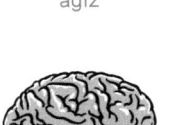

maskax

beyin

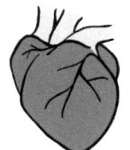

wadno

kalp

muruq

kas

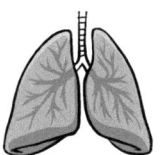

sambab

akciğer

beer

karaciğer

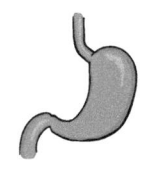

uur kujirta caloosha

mide

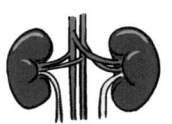

kelyo

böbrekler

galmo

seks

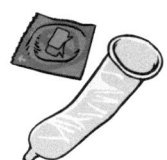

cinjir-galmo

prezervatif

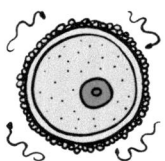

ugxan

yumurtalık

shahwo

sperm

uur

hamilelik

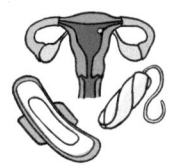

caado

regl

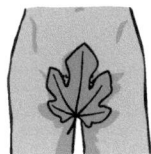

siil

vajina

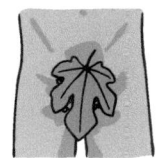

gus

penis

suni

kaş

timo

saç

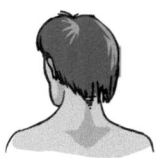

qoor

boyun

isbitaal
hastane

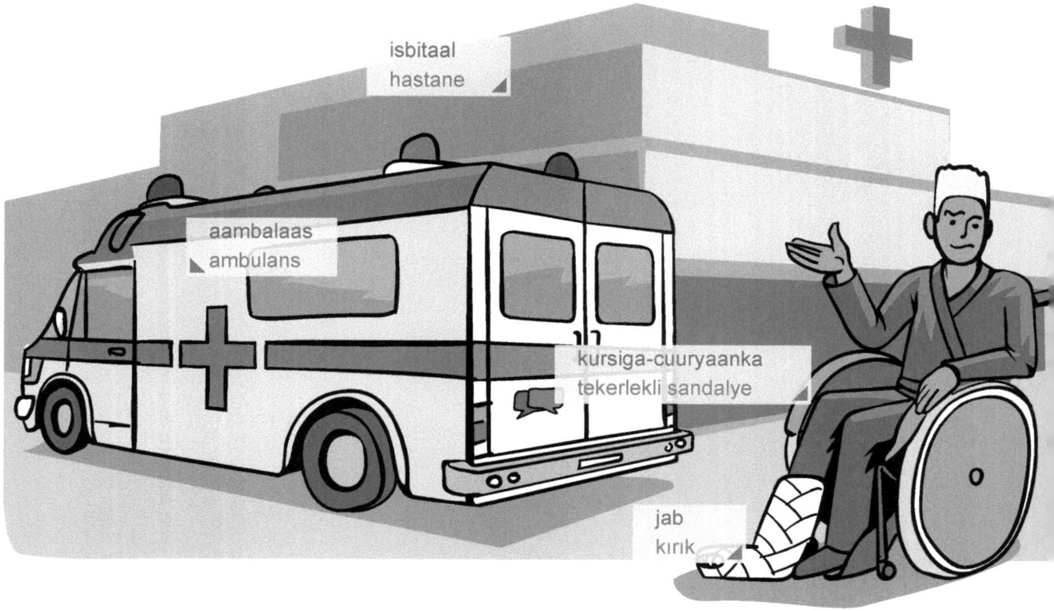

isbitaal
hastane
aambalaas
ambulans
kursiga-cuuryaanka
tekerlekli sandalye
jab
kırık

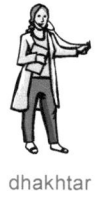

dhakhtar

doktor

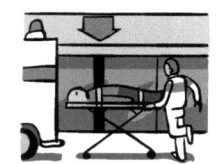

qolka xaaladaha-degdega ah

acil servis

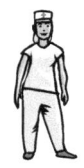

kalkaaliye

hemşire

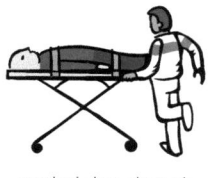

xaalad deg-deg ah

acil

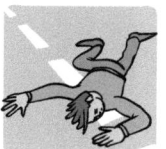

miyir-beelsan

baygın

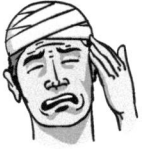

xanuun

acı

dhaawac

yaralanma

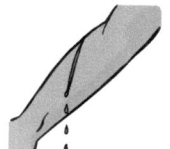

dhiig-bax

kanama

wadno-xanuun

kalp krizi

qallal

felç

xasaasiyad

alerji

qufac

öksürük

qandho

ateş

hargab

grip

shuban

ishal

madax-xanuun

baş ağrısı

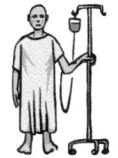

kansar

kanser

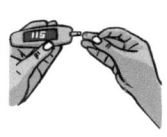

cudurka sokcroow

şeker hastalığı

dhakhtarka-qalliinka

cerrah

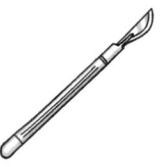

mindida qalliinka

neşter

qalliin

operasycn

isbitaal - hastane

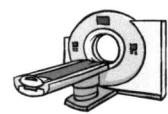

iskaan
bilgisayarlı tomografi

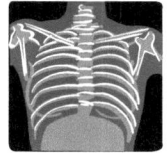

raajo
röntgen

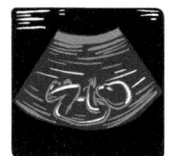

dhawaaq-xawaareed
ultrason

maaskaro
yüz maskesi

cudur sokoroow
hastalık

qolka sugitaanka
bekleme odası

ul lagu boodo
koltuk değneği

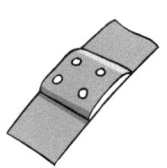

kab
yara bandı

faashato
bandaj

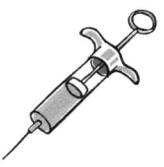

duris
enjeksiyon

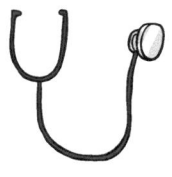

wadne-dhegeyeste
steteskop

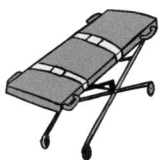

balankiino
sedye

heer-kul-beega qandhada
tıbbi termometre

dhalasho
doğum

aad-u-cayilan
fazla kilo

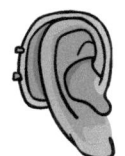

maqal-caawiye

işitme cihazı

jeermis-dile

dezenfektan

caabuq

enfeksiyon

feyras

virüs

AYDHIS/HIV

HIV / AIDS

daawo

ilaç

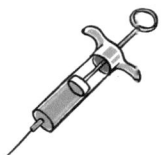

tallaal

aşı

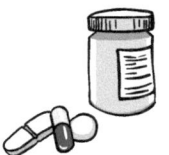

kaniiniyo

tablet

kaniin

hap

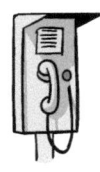

wicitaan deg-deg ah

acil çağrı

cabbiraha dhiig-karka

tansiyon aleti

xanuunsan / caafimaadsan

hasta / sağlıklı

i caawiya!

İmdat!

sawaxan

alarm

weerar-kadisa ah

darp

weerar

saldırı

khatar

tehlike

irridda bixida xaalad-deg-deg

acil çıkış

dab!

Yangın!

dab demiye

yangın tüpü

shil

kaza

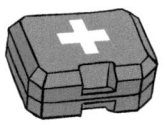

saduuqa xaalada-degdega ah

ilk yardım çantası

codsi badbaado

imdat

booliis

polis

Yurub

Avrupa

woqooyiga ameerika

Kuzey Amerika

koonfurta ameerika

Güney amerika

Afrika

Afrika

Aasiya

Asya

Oostareeliya

Avustralya

Atlaantik

Atlantik

Pacific

Pasifik

Bad-waynta hindiya

Hint Okyanusu

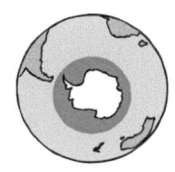

Bad-waynta antarctica

Antarktika Okyanusu

Bad-waynta arctic

Arktik Okyanusu

cirifka waqooyi

Kuzey Kutbu

cirifka koonfureed

Güney Kutbu

Antarctica

Antarktika

dhul

dünya

dhul

kara

bad

deniz

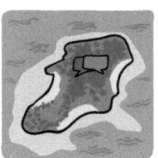

jasiirad

ada

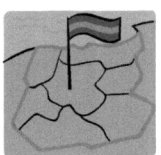

waddan

ulus

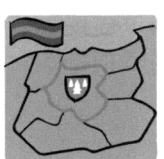

gobol

ülke

wajiga saacadda

kadran

gacanka saacada

akrep

gacanka daqiiqada

yelkovan

gacanka ilbiriqsiga

saniye ibresi

waa intee saac?

Saat kaç?

maalin

gün

wakhti

zaman

hadda

şimdi

saacadda jiifarrada

dijital saat

daqiiqad

dakika

saacad

saat

Isniin
Pazartesi

Arbaca
Çarşamba

Jimco
Cuma

Sabti
Cumartesi

Talaado
Salı

Khamiis
Perşembe

Axad
Pazar

shalay
dün

maanta
bugün

berri
yarın

subax
sabah

duhur
öğle

casir
akşam

maalmaha shaqo
iş günleri

dabayaaqada usbuuca
hafta sonu

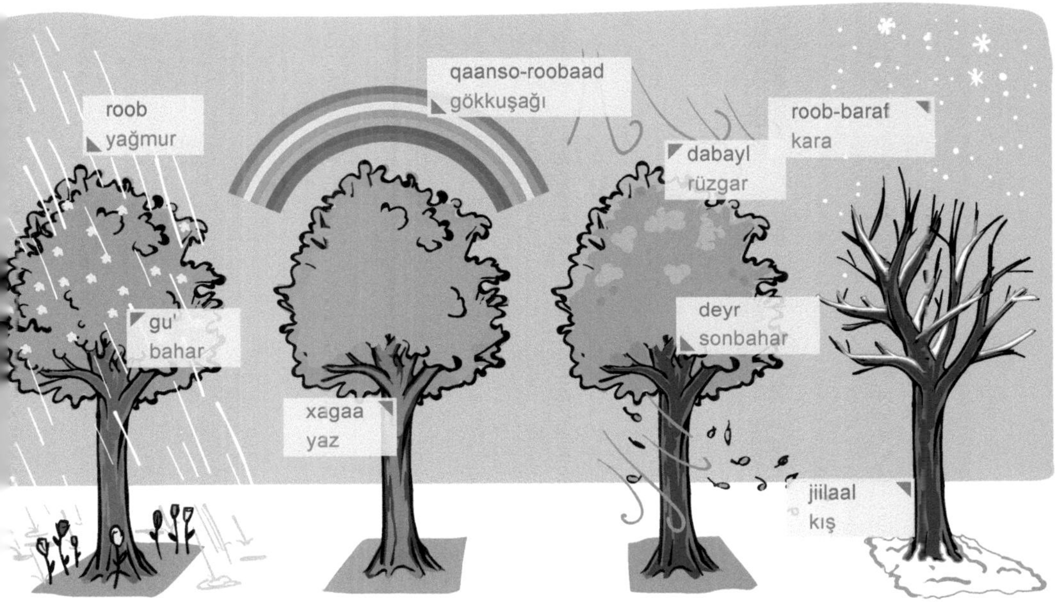

roob
yağmur

qaanso-roobaad
gökkuşağı

roob-baraf
kara

dabayl
rüzgar

gu'
bahar

deyr
sonbahar

xagaa
yaz

jiilaal
kış

4.APRIL	11°	☀
5.APRIL	4°	
6.APRIL	13°	
7.APRIL	8°	☀
8.APRIL	10°	☀

saadaal hawo

hava durumu tahmini

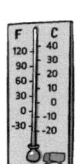

heer-kul baare

termometre

qorraxeed

güneş ışığı

daruur

bulut

ceeryaamo

sis

huur

nem

jac

şimşek

onkod

gök gürültüsü

duufaan

fırtına

roob-baraf

dolu

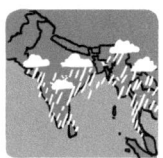

maansuun

muson

daad

sel

baraf

buz

Jannaayo

Ocak

Febraayo

Şubat

Maarso

Mart

Abriil

Nisan

Mey

Mayıs

Juun

Haziran

Luulyo

Temmuz

Agoosto

Ağustos

Sebteember
....
Eylül

Oktoobar
....
Ekim

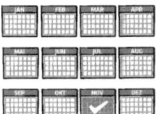

Nofeember
....
Kasım

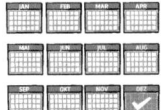

Diseember
....
Aralık

qaababka
şekiller

goobaabo
....
daire

afar-gees
....
kare

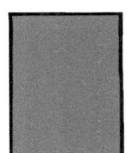

leydi
....
dikdörtgen

saddex-xagal
....
üçgen

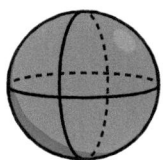

wareeg
....
küre

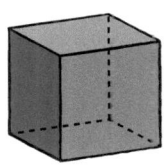

bokis
....
küp

caddaan

beyaz

hurdi

sarı

oranji

turuncu

guduud-khafiif

pembe

casaan

kırmızı

carwaajis

mor

bluug

mavi

cagaar

yeşil

boroon

kahverengi

cawl

gri

madow

siyah

badan / yar

çok / az

caro / daganaan

kızgın / sakin

qurxoon / fooɮun

güzel / çirkin

billow / dhammaad

başlangıç / son

yar / weyn

büyük / küçük

iftiin / mugɗi

parlak / karanlık

walaalkaa / walaashaa

erkek kardeş / kız kardeş

nadiif / wasakhaysan

temiz / kirli

buuxa / dhantaalan

tamam / eksik

maalin / habeen

gün / gece

dhintay / nool

ölü / canlı

ballaaran / ciriiri ah

geniş / dar

la cuni karo / aan la cuni karin

yenilebilir / yenilemez

arxan-daran / naxariis-badan

kötü / iyi

faraxsan / caajisan

heyecanlı / sıkılmış

buuran / caateysan

şişman / zayıf

ugu horeeya / ugu dambeeya

ilk / son

saaxiib / cadaw

dost / düşman

maran / buuxa.

dolu / boş

adag / jilicsan

sert / yumuşak

culus / fudud

ağır / hafif

gaajo / oon

açlık / susuzluk

xanuunsan / caafimaadsan

hasta / sağlıklı

sharci-darro / sharci

yasa dışı / yasal

caaqil / dabbaal

zeki / aptal

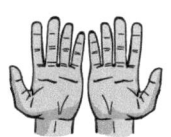

bidix / midig

sol / sağ

dhow / fog

yakın / uzak

cusub / duug

yeni / kullanılmış

waxba / wax

hiçbir şey / bir şey

da' / dhalinyar

yaşlı / genç

daaris / damin

açma / kapama

furan / xiran

açık / kapalı

aamusnaan / cod-dheer

sessiz / gürültülü

taajir / sabool

zengin / fakir

sax / khalad

doğru / yanlış

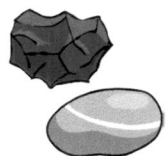

jilif leh / sab ibax

pürüzlü / düz

murugsan / faraxsan

üzgün / mutlu

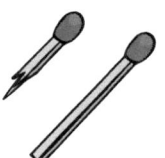

gaaban / dheer

kısa / uzun

tartiib / dhaqsi

yavaş / hızlı

qoyaan / qalleyl

ıslak / kuru

qandac / qabow

sıcak / serin

dagaal / nabad

savaş / barış

0

eber

sıfır

1

kow

bir

2

laba

iki

3

saddex

üç

4

afar

dört

5

shan

beş

6

lix

altı

7

toddoba

yedi

8

sideed

sekiz

9

sagaal

dokuz

10

toban

on

11

kow iyo toban

on bir

12

laba iyo toban

on iki

13

sadex iyo toban

on üç

14

afar iyo toban

on dört

15

shan iyo toban

on beş

16

lix iyo toban

on altı

17

todoba iyo toban

on yedi

18

sideed iyo toban

on sekiz

19

sagaal iyo toban

on dokuz

20

labaatan

yirmi

100

boqol

yüz

1.000

kun

bin

1.000.000

malyuun

milyor

luuqado
diller

Af ingiriis

İngilizce

Ingiriiska Mareykanka

Amerikan İngilizcesi

Mandariinka Shiinaha

Çince (Mandarin)

Hindi

Hintçe

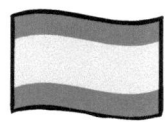

Boortaqiis

İspanyolca

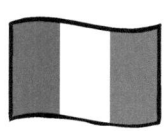

Faransiis

Fransızca

Carabi

Arapça

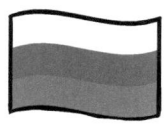

Ruush

Rusça

Boortaqiis

Portekizce

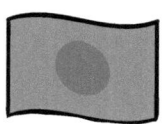

Bengaali

Bengalce

Jarmal

Almanca

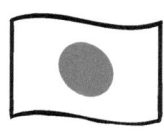

Jabaaniis

Japonca

aniga

ben

adiga

sen

asaga / ayada

o

annaga

biz

idinka

siz

ayaga

onlar

kee?

kim?

maxay?

ne?

sidee?

nasıl?

xagee?

nerede?

goorma?

ne zaman?

magac

isim

xaggee
nerede

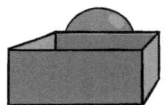

gadaal

arkasında

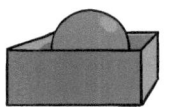

gudaha

içinde

horta

önünde

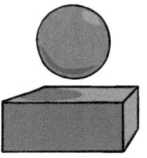

ka sare

üzerinde

dusha

üstünde

ka hooseeya

altında

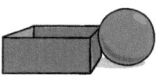

dhinac

yanında

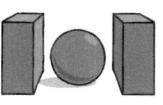

u dhexeeya

arasında

meel

yer